AF389654

Anthologie du Prix Poésie
Capitaine Coluche
2023-2024

Anthologie du Prix Poésie Capitaine Coluche

2023-2024

Éditions Milot

PRIX
POÉSIE
CAPITAINE COLUCHE

Préface

Écrire une préface n'est jamais chose aisée. Surtout quand il s'agit de poésie. Comment mettre des mots sur des mots eux-mêmes empruntés pour transmettre une émotion, un état d'âme, une profondeur ?

En poésie, il ne s'agit pas de dire, mais de montrer. Montrer subtilement le monde qui nous entoure, qui nous traverse, qui nous chante, qui nous violente. Et dans tout cela réside toute la subtilité de cet art.

Alors, quand on m'a demandé, en tant que membre du jury, d'écrire une préface sur cette anthologie, j'ai décidé, plutôt que de dire, de « montrer ».

Montrer comment la poésie proposée dans ce recueil, et celle de Capitaine Coluche, est une poésie qui touche l'âme dans ses profondeurs. Une poésie qui, parfois dure, offre un engagement certain aux côtés de l'être humain, et à l'encontre des politiques.

Une poésie qui attrape les mots pour rugir sur une patrie aimée mais perdue, une poésie qui berce les louanges de l'amour pour tapisser les cœurs d'espoir.

Je n'ai pas connu Capitaine Coluche, mais en lisant ses

mots, j'imagine la personne qu'il était. Gonflé d'humanité et de beauté. De rage aussi.

J'ai eu l'honneur de participer au choix des textes lauréats en tant que membre du jury.

J'ai été agréablement surprise par la qualité des poèmes reçus, que ce soit dans la diversité du langage, la force poétique, l'urgence d'écrire ou de partager.

Je vois à quel point l'héritage de sa poésie est bien présent.

Je note également que la poésie non seulement « montre », mais aussi « transmet ».

Et c'est ce en quoi réside la beauté de l'être humain, dans sa relation à soi mais aussi aux autres.

Alors, j'espère que vous trouverez à travers ces poèmes, tout comme moi, la richesse qui infuse le cœur de beauté et d'humanité.

Que ces vers de poésie nourrissent chaque partie de votre âme.

Belle découverte.

Nour CADOUR

Dédicace

À toi, Berthson Pierre dit Capitaine Coluche,

Dans ce silence éternel où résonne encore ta voix de slameur et ton inspiration poétique, nous te rendons hommage à travers ces pages. Chaque mot, chaque vers de cette anthologie porte en lui un éclat de ton souvenir lumineux, comme une étoile perdue dans l'immensité céleste.

À notre chère mère, dont les bras ont été le havre de notre enfance, à notre père, dont la sagesse éclaire nos jours, à nos sœurs, dont leur présence est un doux parfum d'amour, à Snandie François et à nos amis proches, qui, comme des phares dans la nuit, ont éclairé notre chemin.

Ensemble, nous avons tissé ce recueil, chaque poème étant une étoffe d'émotions et de pensées, un hommage à ta mémoire. En tant que frère et coordinateur de ce concours, je remercie chaleureusement chaque contributeur dont les mots, précieux et sincères, perpétuent ton esprit.

Que cette anthologie soit un écho de ton essence et un témoignage de notre gratitude infinie. Puisse chaque vers résonner comme une douce mélodie dans l'éternité de ton souvenir.

Avec toute notre affection,

Berthdley PIERRE

Coordinateur et frère

Biographie

Né le 8 février 2002 à Cap-Haïtien, Berthson Pierre a illuminé la scène poétique avant de s'éteindre le 8 mai 2023, emporté par une maladie soudaine. Il fut un membre fondateur du collectif « Les Étoiles Rimées », il a laissé son empreinte dans le texte classique, *«Pour ma peau »* de ce collectif, disponible sur leur chaîne Youtube.

Mots de remerciements

Des poussières de soleil dans nos mains d'enfants, nous tenons à poétiser notre gratitude abyssale à ceux dont les larmes, sueurs et encres ont façonné cette anthologie du Prix Poésie Capitaine Coluche, sur le sein gauche du temps. Cet ouvrage, aurore née d'un travail collectif et passionné, acclame l'inoubliable Berthson Pierre, dont le tam-tam poétique résonne encore dans nos cœurs troués de peines.

Nous allumons un boucan de remerciements aux membres du jury, dont le dévouement et le travail martissanesque ont couronné les œuvres présentées ici.

Un rara de reconnaissance se tourne vers Florvil Jonas, dont la danse envoûtante de ses doigts pour les graphismes a accouché nos visions, et vers la commission organisatrice du prix, artisans d'une grande première gorgée organisationnelle, poteau-mitan soutenant sans relâche cette tonelle littéraire.

À la famille Pierre, bassin d'inspiration et de soutien inestimable, nous offrons un bouquet de gratitude infinie. Leur présence silencieuse a nourri chaque page de cette anthologie. Merci également aux Éditions Milot, dont la collaboration a permis la diffusion de cette ruche poétique.

Enfin, nous saluons les différents contributeurs, voyageurs de verbes venus de divers horizons. Grâce à eux, nous avons frappé jusqu'à rouvrir la porte poétique de Berthson Pierre, les pas versés d'orteils différents éclairant d'une vive lumière les pages de cette anthologie comme des étoiles folles dans la nuit.

Wasly NORIS
Vice-coordinateur

Composition d'organisation du Prix Poésie Capitaine Coluche

- Pierre Berthdley, Coordonnateur

- Noris Wasly, Vice-Coordonnateur

- François Snandie, Secrétaire

- Olivier Estelon, Délégué

- Baptiste Edendy, Responsable marketing

Membres du jury du Prix Poésie Capitaine

- Apollon Pascal, *président*

- Étienne De Saint Exil, *vice-président*

- Innocent Tuy, *membre*

- Elbeau Carlynx, *membre*

- Nour Cadour, *membre*

- Louendy Chéry, *membre*

Première partie

LES POÈMES DE BERTHSON PIERRE DIT « CAPITAINE COLUCHE »

Touman

Si w ta temwen bonè
Tanpri di l m an deriv
Laperèz anvayi m
Lam mwen kont pou plòtonnen pousyè tè

Dlo je m nan mitan lannuit
Ka temwanye
M simen panik ak lavi
M louvri m
Poutan endiy mwen fèmen m

Madan Izobèl

Karès ou ka karès mwen lè m sanzabri
Presans ou ka lonbray proteksyon m lè m ap febli
Solèy minwi m va klere lalin fènwa w lè lespri bèlodyans
ou ap fremi
Izobèl m anvi w, m anvi chivoke w, dolote w nan sant
semans bonè lavi a

M prè
M prè pou m sipòte w
Pou m depòte lanmou m sou kòtòf lèstoma w
M prè pou m debwaye siksè sou wout Lamatin pou ou
M prè pou m liminen
Pou m limen chandèl nan fèblès klète douvanjou w
Cheri m mwen vle ade avèk ou pou toujou

Tantasyon titanyen p ap ka bwouye limàn ou
Ou va pòtrè seriz mwen an dividal
Jèfò m ape fè se ta va pou ou
E lonè m va miyò nan ti briz silansye w k ap travèse an
spiral

Lè sa m a va gade fant janm ou an repo pou l pa detenn
ou sinon detyaka
M prè
M prè poum dlo jew, m prè pou m souri w
Lobèdyans sansiblite w va losyon m nan lindemyèl e
losyè m jouk sa kaba.

Madan Izobèl...

Demwazèl la se yon eklè
Li sot nan fouk tonnè
Syèl la pa gen mezirèt
Pou kenbe yon lonbray tankou w
Limay ou bay anba lè
Kont pou briye sou do m

Ou se yon refij
Lanati menm ka temwanye
Limyè w kont pou klere nanm mwen

Sekous pye n

Egal ak kadans pousyè k anba semèl la

Di mofi yo

Nou pa miyò non

Men n wozabwa

Nos pieds sont dans la cité infernale

Crevés en piédestal enfantin

Gouvernement si sensible aux bruits

De nos politiciens en masques blancs

Qui nous forcent à crier « *Sauve qui peut !* »

Ils attendent les cris « Au meurtre ! À l'assassin»

Lajounen n nan fènwè
Limyè n maske tenèb nou
Fwi rekòt nou pa donnen nan patiraj legzistans nou
Dlo popyè n pa likid nan glasi figi ti inosan yo
Ka n pa grav
Men n wozabwa
Se fòt kiyès zanmi
Nou modi tèt nou
Ata menm lonbray nou bouke fè lapalad
Sou chimen libète n

Foli fè n pèdi lèy

Men se konbyen ti dlo
Ki rete pou chavire gildiv lenkonsyans
Ki vle fè n iv

Loup loup

J'ai connu pas mal d'agonie
À Gethsémani
Ici, Mère patrie, l'inexistence est robotisée
Devant les rides du sommeil de jouvence
Carnage tumultueux

La poussière est en vacances
Absence déchaînée
Galvanisée au péril des lois géantes
Scabreux suis-je, un canon pour l'humanité
Pardon, créature ! Je veux plaire à Admaria
La vie s'est faite auto-tune
Et tuer par la mort
Quel égoïste !
Méfiant de naissance

Aveuglé et sans recoin

Depuis le jour où je suis tombé amoureux de toi,
J'ai arrêté de regarder les étoiles
Parce que tu es ma lune
Fou de mon obsession et je l'admets, mais ce n'est pas
un mirage
Dès que je te vois, je marche très bien
Quand ma main serre la tienne,
Avec toi, je trouve mon repère même quand je ne sais
pas où va mon chemin.
J'ai le sentiment d'exister pour quelqu'une,
Et le plus drôle dans tout ça, c'est qu'il m'est impossible
de me passer de toi
Même quand je te voyais, tu me manquais encore et
encore
À mon réveil, tu es l'aurore
Sans toi, cela n'avait pas le sens du commun ou de
l'évidence, mais c'était cousu
Sans toi, mon feu follet, mes sensations étaient fugaces
dans les allers et retours
Le plus incroyable, c'est que je t'aime

Je t'aime même dans les choses les plus obscures, pour
ne pas dire entre ombre et âme

Deuxième partie

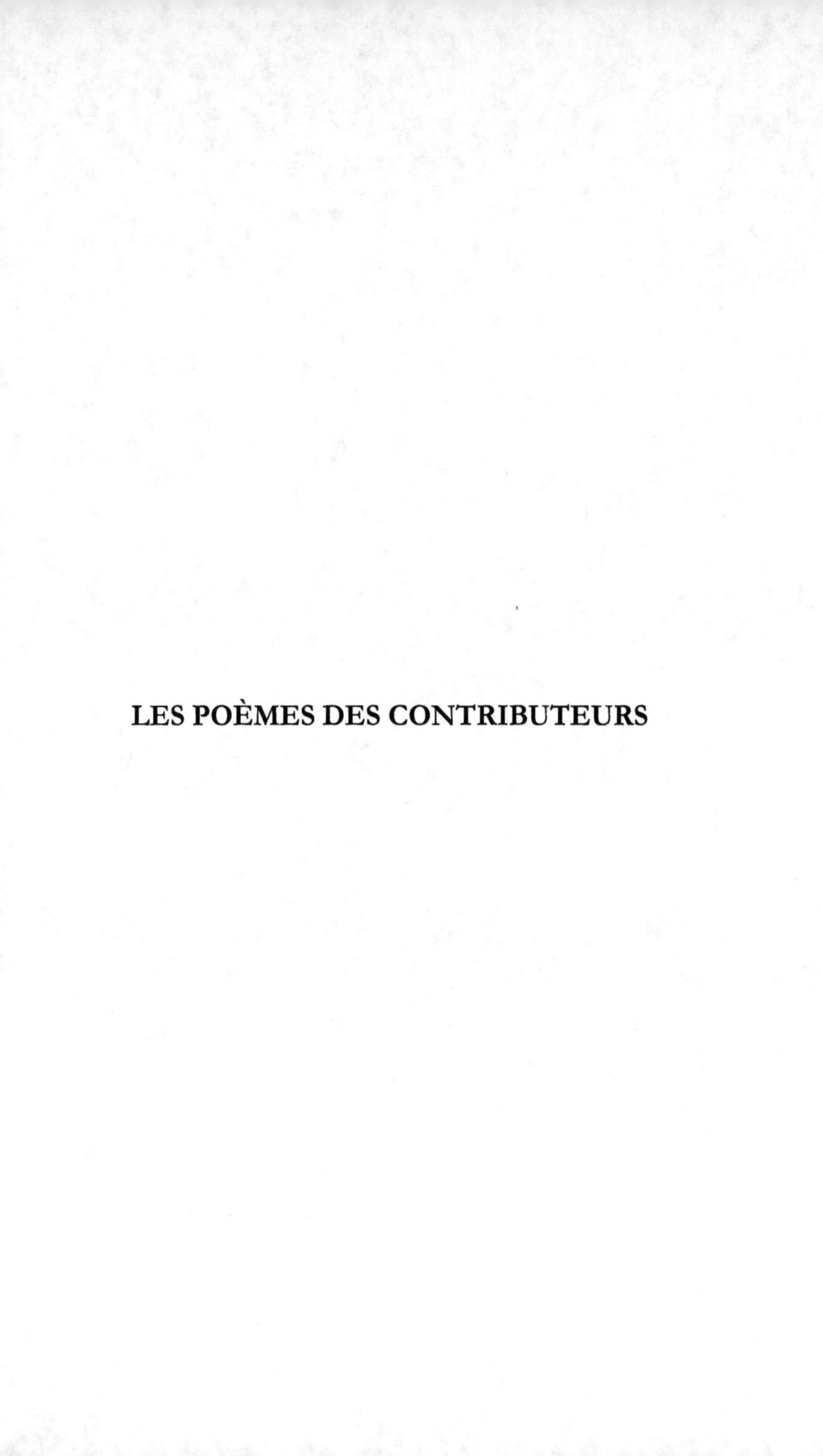

LES POÈMES DES CONTRIBUTEURS

T'aimer vite

reviennent souvent ces heures nomades
inventer un signe à mon indocilité
dorer et bercer mes jours blessés

me poignardent parfois tes gestes défaits
dans l'échancrure de mon ventre
telles des histoires d'Avril

l'incertitude des mains ne m'effraie
que si hier apprend à se redire
sans nos petits instants d'innocences

je t'aime avec des silences titubants dans la bouche
des frissons clandestins et des paroles en souffrance
je t'aime avec un refrain entraînant et des mots tristes
je t'aime avec une démence impétueuse
des espérances minuscules

Daryl Lorenzo MOÏSE

Pétion-Ville, Haïti

Lettre à un pote parti tôt

Frère,
c'est avec des gouttes de sang que je t'écris
Le buste courbé
buvant la poussière sur le béton torturé du ghetto
Des poèmes assoiffés de soleils
ont bu l'encre de mon âme

Telle une fleur abîmée
qui lèche sa souffrance
sous les décombres d'un ciel
kidnappé de chaos
C'est avec des gouttes de sang que je t'écris
frère
Pour porter mes cris à ton âme partie à l'aube

Ici rien a changé
La ville vomit encore la mort par ses égouts

Le goût de la vie demeure sur nos lèvres
des soupirs amers d'un requiem craintif

Il fait un temps désuet ici
Depuis que des zombies ont pété sur nos rêves
On dérive des sentiers aux balles à têtes chercheuses
La vie devient bohème
et les villes deviennent labyrinthes

Je suis ce bohémien qui dort
Avec un bout d'espoir caché sous les aisselles pour ne
pas manger sa langue
Un pèlerin qui parle mal la beauté des ruelles décorées
de cadavres

Je te grave ce poème en italique pour parler la terreur qui
terrasse ma ville
Comme une ambulance névrosée
En attendant qu'une balle m'envoie te voir
Dans l'au-delà
C'est avec des gouttes de sang que je t'écris frère

Witerwan Kenley JEAN
Lascahobas, Haïti

DEUXIÈME MENTION SPÉCIALE DU JURY

Les monts himalayens

Les grands oiseaux de mer
Dans leurs manteaux d'écume
Se fondent à la brume
Et au grand bleu désert
Quand le temps dégénère
Là-haut au loin la lune
Se cache dans les plumes
D'un nuage en colère

L'immobile gardien
Des nuits silencieuses
Contemple les danseuses
Des monts himalayens
La tour de son jardin
D'une lumière pieuse
Éclaire les crieuses
De rayons opalins

Mélancolie des rois

Des âmes téméraires

L'été comme l'hiver

Écrasé sous les lois

Des marées de sang-froid

Des vagues, des chimères

Il explorait les mers

Sur un bateau de noix

L'immobile gardien

Des nuits silencieuses

Contemple les danseuses

Des monts himalayens

La tour de son jardin

D'une lumière pieuse

Éclaire les crieuses

De rayons opalins

Les fantômes surgissent,

La nuit le soleil meurt

Pleure la lune pleure

Donne-lui le calice

Pour qu'au matin guérisse

Ses rayons protecteurs

Quel brasier salvateur

Est son feu d'artifice !

L'immobile gardien
Des nuits silencieuses
Contemple les danseuses
Des monts himalayens
La tour de son jardin
D'une lumière pieuse
Éclaire les crieuses
De rayons opalins.

Emilien DES BREST
Nantes, France

Pou Alin

Ansanm nou te konn konte zetwal
Nan bouch ou m premye goute siwal
Ou bay pwezi m, vi m
On kolòn vètebral
Men, kòm tifi vini pi vit pase tigason !
Nan tan w fin mi
Pou ou flannè pran fè foli
Mwen, m poko menm chanje kalson
Pa g on jou m pat konn prije kè m
Sèl pou m t ofri w bèl ti powèm
Ou te konn di : « *pou letènite ti kè an nou ap ret soude* ».
Men, kòm tifi vini pi vit pase tigason !
Tout moun te wè w kou yon prensès
Madan marye on nèg ak vès
Mwen, m poko menm chanje kalson
Jou ap pase je n pa kontre
Ti kè m fann, m santi efondre
Lè yo dim jan w ap selebre
Gòj anm di jouk pou m ta toute
Wi ! kòm tifi vini pi vit pase tigason !

Se yè m konnen bote w tenyen
ou ak de pitit pou de papa
ou pou kò w, lamizè sennen w
ou k alimèt, ou k dlo, ou k bwa
mwen, m poko menm chanje kalson.

Rolph Arthur EXANTUS
Cap-Haïtien, Haïti

Ann Danse Kanmarad

I

Ann danse kanmarad
Lavi s on kout tanbou
Ki fèt nan batman kè lavi
Lè achiv tan an bwè dlo bouch li.
Ann danse pou n pote rèl lasante
Devan pwent tete pòtoprens

II

Ann danse kanmarad
Pou n bay mo batistè
Pou gramè kenbe pwomès
Lanjelis nan nas lenfini.
Ann danse pou n bwè nan vè
Lafendimond

III

Kanmarad
Solèy la gen rezon pa l
Lalin gen pwoblèm pa l

Ann danse pou n
Fete ekwasyon lavi
Nan gouyad fanm sou gran ri.

IV

Ann danse kanmarad
Paske lavi nan peyi m se yon koudeta
Douvanjou legalize
Pou senyen toutounite laprezidans.

V

Kanmarad lavi se yon dans
Pwezi desann pantalèt
Lè malnitrisyon se siwo myèl
Pou tyovi.
Ann danse kanmarad
Pou n fente jòf pil fatra
Leta kite pou n kontanple.

Wednerson FENELON
Léogane, Haïti

Vœu d'un orphelin

Père céleste ! On m'a dit à l'église que
Quand on te prie avec foi, tu écoutes.
C'est même la raison pour laquelle,
Je te prie et, sans doute tu m'écoutes.
Je suis orphelin de père et de mère.
J'avais cinq ans quand je le devins :
En un court instant lors de la guerre,
Leur vie fut prise par ce soldat si vain.
Depuis ce jour sombre de mon existence,
Une oasis infernale, ma vie est devenue :
Souffrances, tristesses, injustes sentences...
D'ailleurs, elles ne me sont plus inconnues.
Je n'ai jamais eu à vivre dans ce monde,
Je me tâche quotidiennement de survivre,
Car m'entourent, de prédateurs immondes,
Prêts à dévorer, voire arrêter de faire vivre.
Et tout net, j'en ai assez,
Dieu le père !
Assez de cette vie de maux, de stress,
Sans soutien d'une mère ou d'un père

Ou de qui reste là ces jours où je stresse.
Alors, je te fais du fond du cœur ce vœu :
Ramène-moi, Dieu, mes géniteurs à la vie
Et si c'est impossible, emmène-moi vers eux,
Car, il y a longtemps que je vis ici sans vie.

HOUESSOU Sindji Maxime
Cotonou, Bénin

Tras dezespwa

Dlo lapli lajwa fenk sispann degoute
Mounite n gentan al poze laba
Nan je lavi rèv nou degrenngole
Nan nas mouche leta
Lavni n pran nan twa wa
Nan lari pòtoprens
Rèv nou boukante ak lamizè
Nan bouske lavi miyò ak bout zong nou
Lanmò pase pran n
Yo chante lantèman lavni n nan granchimen
Yo antere demen n
Nan simityè

Santia FILS
Lavallée de Jacmel, Haïti

Artistes du Bénin engagés pour les enfants du Sud

Dans le Sud du Bénin, où le soleil danse,
Une tragédie silencieuse, une chance,
Enfants de la rue, oubliés par le sort,
Leur cri étouffé résonne fort.

Artistes, porteurs de rêves et d'espoir,
Éveillez-vous, embrasez le soir.
Toile de vos pinceaux, parlez de leurs vies,
Chantez leur histoire, qu'on n'oublie.

Au cœur des rythmes et des mélodies,
Dans l'ombre des ruelles, des vies en sursis.
La plume devient voix, murmure d'un poème,
Dénonçant l'injustice, éclairant le thème.

Les notes jouent, comme le vent dans les feuilles,
Déclamant l'appel de ces âmes en deuil.
Danseurs, en mouvements, tels des papillons,
Représentez l'espoir, la renaissance en son.

Sculpteurs du quotidien, modelez le changement,
Les rues deviendront jardins, fleurs d'engagement.
Photographes, capturez les sourires oubliés,
Révélez la beauté dans l'ombre dissimulée.

Car l'art transcende, dévoile la vérité,
Éradique l'indifférence, ouvre l'humanité.
Ensemble, artistes, soyez cette lumière,
Éclairez l'obscurité, dissipez la misère.

Que chaque création soit une voix,
Un cri contre l'injustice, une force, un choix.
Dans le Sud du Bénin, sous le ciel étoilé,
Artistes, sculptez un avenir, une réalité.

Zinsou Damien AHISSOU
Bénin

Sois-toi

Dans un monde où les vents soufflent contraires,
Un monde où le vice est plus embrassé que la vertu,
Un monde où le mal est plus célébré que le bien,
Sois-toi !
Dans un monde où le pouvoir a plus de valeur que
l'humilité,
Un monde où l'argent a plus de valeur qu'une vie
humaine
Un monde où l'égoïsme prône sur les intérêts communs
Sois-toi !
Dans un monde où la dérive est plus félicitée que la
norme
Un monde où les moqueries sont plus vantées que les
compassions
Un monde où l'artifice est plus admiré que le naturel,
Sois-toi !
Dans un monde où les douleurs sont vues en
approbation
Un monde où la haine, la division sont plus acclamées
que l'amour, l'unité

Un monde où les fétiches, les hommes sont plus
idolâtres que l'Être suprême créateur,
Sois-toi !
Sois-toi et continue malgré tout d'aimer,
Sois-toi et continue de cultiver les valeurs de l'humanité,
Sois-toi et continue de semer des graines de bienveillance
et de paix,
Sois-toi et continue de porter des fruits,
Sois-toi et continue de bâtir ta personne en plaçant
l'humain au centre de tes intérêts,
Sois-toi et continue de partager avec tendresse et sourire
aux lèvres
Sois-toi et continue de rester sensible aux douleurs des
uns et des autres
Sois-toi et continue de prier...
Sois-toi, voilà qu'est ton trésor

Lucienne Noella NGUEGNI POUENPENE
Cameroun

Je rêve à l'envers

Pour vivre, je ne fais que rêver
Pas de la plus belle des manières
Chaque matin du monde me trouve en transe
C'est mon rendez-vous le plus précieux
Je me sens qui je veux
Alors dans ma tête,
L'humanité prend une nouvelle naissance
La bicyclette surclasse l'avion
Les abeilles deviennent des mots
Et chuchotent leur colère à la face de la nuit
J'aime rêver quand la fatigue
Accroche ses dents de lait
Au reflet du jour paresseux
Je rêve de tout
Du soleil qui se meurt à petit feu
Des souvenirs d'antan gravés au creux de mon être
Funambule, je marche sur la corde de la volupté
suspendue
Entre la réalité et cette envie folle de me jeter

Aux rapaces modernes qui chatouillent
La proie au lieu de la savourer
Aux divers coins du plaisir

Wislin PRÉVIL
Ouanaminthe, Haïti

Requiem pour Berthson Pierre

Dans les mots tissés en éclats d'azur,
Ton âme s'éveille, poète éblouissant,
Aux rives d'Haïti, berceau de l'aventure,
Où l'art s'épanche, souffle flamboyant.

Ta plume envoûtante, semblable au vaudou,
Capture les murmures du temps qui s'écoule,
Dans l'encre sacrée, ton esprit s'est fondu,
Et de ta voix, une symphonie s'envole.

Sur les collines où le soleil se couronne,
Ta poésie danse, évoquant les ancêtres,
Unissant les rêves, écartant les couronnes,
Éveillant l'amour, chassant les fenêtres.

Oh, Berthson Pierre, poète aux mots d'or,
Ta mémoire danse en paroles immortelles,
Dans le cœur d'Haïti, ton aura se colore,
Sous les étoiles, par-delà les prunelles.

Nous sommes porteurs de ton héritage céleste,

Ta voix résonne en chaque larme, en chaque rire,

Et dans l'océan des vers, ton esprit se lève,

Imprégnant à jamais le souffle de l'avenir.

Pour toi, cher poète, au seuil de l'infini,

S'envolent nos pensées, tressant un éloge,

Hommage vibrant à ta plume, à ton pays,

Berthson Pierre, pour l'éternité, notre étoile en accolade.

Kiswendsida Azael TONDE
Burkina-Faso

Occis-mort

C'était, il y a si peu de temps
Ton corps glacé,
Tes mains fanées.
Depuis nos regards ne se sont pas croisés
Nos lèvres n'ont rien échangé
Pas un mot
Pas un sourire
Ni même un coup-de-souffle.
Nous sommes toujours là.
Dans ces rues que tu as marché,
Ces coins qui t'ont vu cacher.
Nous sommes là à écouter
Le bruit de ton sang
L'écoulement de tes salives
Et, fermement, ta poésie

Avant-hier,
Tu es appelé par l'abîme
Mais, tu chemines encore
Dans notre esprit :
Un voyage sans fin, sans défi.

Nous sommes privés de tes accolades
De ton fou rire. Égarés, impuissants, lassés
Ton absence seule
Est cause.

Ô Coluche !
Le souffle mortel a embrassé ton âme
Le plonge dans le tunnel
Ta vie s'effrite
La mort danse
Rit
Parcourt les terres
Sème l'amertume

Ô Coluche !
Tu as porté en toi
L'écho de l'humain
L'espoir des lendemains
Tu as apaisé avec des mots
Nos grandes plaies,
Tu as veillé sur nous.
Comment vivre, quand ta poésie
Dans nos âmes palpite?

Alexandre JORMÉUS
Cap-Haïtien, Haïti

Tchouboum

Tankou bourik ki pèdi lizay gran chimen
Nanm nou bout sou do mòn pasipala
Bal tire,
Zetwal yo tonbe gwo midi

Isit,
Tristès, sèl kòd ki mayande lang nou
Solèy la kriye san
Menm nan rèv diplòm yo paka pare lapli lanmizè pou
pitit soyèt
Depi granm maten,
Lespwa ponyade nan rèl do

Yo touye jefò n
Idantite n blayi dan griyen
Chak lajounen k louvri je
Souf nou pèdi bout nan souf li

Lanjelis fèmen je pou demen
Rèv yo fin zonbi

Pasyans bout zòtèy nou ap fòse tounen fwèt kach
Lawouze potko prèt pou pise

Douvanjou n kase kòd
L al pann tèt jouk sou tèt mòn Pikole
Jodijou
Lajistis pandye tèt anba
Yon kanaval tray pou avni zantray yo ki nan kouti
Konsyans nou malad jous nan zo

Atè isit,
Oksijèn nou nan oksijèn
Diyite n kreve
Syèl la ap pilonnen n chak jou

Yon latriye rèl sot jouk nan lakou Pòtoprens
Vin grennen denpi se fèy souri k nan machwè nou
Lannwit potko prèt pou fin kwit
Nan tout gran ri,
Lalin lan pran mache toutouni ak tout san sou li

Isit,
Simityè ak leta mare sosis
Kadav fleri chak lè bajou kase
Mmmmmmmh !
Nou pran nan tchouboum !

Peterson BERNADOTTE
Port-Margot, Haïti

Dehors

Entr'un Himalaya de naufrage et de sang qui s'étend
au rythme d'un slogan nul
Des voix en proie moins douées de raison scandent
des morceaux de ténèbres
pour un pays qui s'en va comme les oiseaux migrateurs
Et pour claironner le « *lanbi* » de Morphée
On escalade des gratte-ciels d'immondices
La disette tatoue ma ville
J'écris sur les débris des réverbères
« À la une, siamois deviennent les cadavres et
l'existence » dit la journaliste à la radio
Et si vraiment, l'homme est un être d'habitude
Comment dire aux enfants que la douille est nocive pour
la santé sociale ?
Peut-être qu'on répétera Délira…

Entre un peuple lynché à la corde de la soumission et du
feu à l'almanach
Je n'existe nulle part que dans le poème
Dehors, c'est la parole testamentaire des prolétaires

Dieu aime les enfants sages

C'est la balle qui réveille l'aurore

Dehors, les manifestants se suicident peu à peu sous un
espoir troublé

Dehors, on répète Délira.

Puis, la pendule s'arrête à la nuit…

Jhon JOSEPH
Acul-du-Nord, Haïti

Fil de songe

Le jour somnambule lève une énième fois
son rideau à la nuit, étoilés mes yeux pleuvent deuil
sous une lune cramoisie moisie de pleurs par ce fil de
songe

à l'horizon de mon sommeil,
planent nos poésies ailées
qu'on sonne voix-ailes à l'écho de nos plumes
jusqu'aux abysses de l'au-delà,

jusqu'aux abysses de l'au-delà à l'écho de nos plumes
révolutionnaires aux espoirs myopes
on voulait briser le silence des consciences
par nos rhapsodies-encre,

par nos rhapsodies d'encre infini,
d'orages de mots silencieusement cacophoniques,
de nos rages nostalgiques,
de nos océans de néant moins ou plus més-lent colique,
on avait néanmoins de la muse mélancolique

de quoi muser nos musées d'indignation-textes

mais, au bout du vers de ta vie ici la pendule s'est
évanouie,
le point temps à rimer la péroraison de ton existence,
ici les fleurs-d 'âges refleuriront tes œuvres
à chaque printemps

de textes divers, d'été et d'hiver
pour aumôner et automner ton mémoire de la mémoire
des qui vivent et attendent les leurs : au suivant !

pendant qu'au qui-vive tu ailles courtiser l'infini,
luire ta poésie-étoile aux amas armés de galaxies
ténébreuses
cher capitaine-éclaireur frère d'armes,
frère d'âmes va prophétiser notre enfance,
nos vécus, nos écrits sous l'égide d'un jour
illuminé par la rétine d'un fil de songe

Peterly SALOMON
Cap-Haïtien, Haïti

Frekans karès

Lè n ansanm, minwi lanbe karès,
souf nou mele fè youn pou reveye silans anba dra
lannuit.
Foli damou swe nan pote pwa kè.

Ak sekous kè
m konjige renmen w
nan tan m posede
lanmou dòmi nan bra w
je fèmen

M gade m nan souri w
lajwa anestezi mo nan kò m
mande lannuit pasaj
kontwole lèt alfabè m cheri

M jwenn frekans karès
nan lodè kò w
chak minwi fè bleng

Renmen w fè eskal nan powèm mwen pou losyonen
limanite.
Sou tèt mo nan bouch mwen
m depoze siyati w pou chak fanm k ap koute m pa
renmen m san ou

Malaba Pitit Plim
(Petite-Rivière De L'Artibonite, Haïti)

Traversée

Comme un éclat de lumière, une traversée, la terre
refroidie
Pierres jetées comme des prières :
Une atterrit - douloureusement étrangère à la peine
Qui effleure dans la main
Comme nulle autre terre nourricière ;

Seuls, ceux qui guérissent connaissent l'or
De ces larmes d'argile jamais versées
Que pleure une morte – méconnue mais vivante
Dans un dernier silence absolu ;

Comme alignées, chacune - côte à côte
Des prières comme horizon natal.
Comme horizon dernier.

Si une étoile démêlait ce ciel - en bas
Fleurirait l'espoir ultime d'une mère
Dans le creux de ses bras - berceau d'un enfant
Au sein où la vie a épousé la mort

Par-delà les marbres qui marquent les destins

L'eau a englouti cet enfant né défunt.

Mihaylova IREN
Paris, France

Poème des âmes enlacées

Dans le doux éclat des étoiles, une danse,
L'amour s'épanouit, une sublime romance.
Des regards complices, une symphonie silencieuse,
Les cœurs s'entrelacent, une étreinte précieuse.

Sur le chemin de la vie, une rencontre magique,
Deux âmes se lient, un lien authentique.
Les rires résonnent comme une douce mélodie,
L'amour, une étoile brillante dans l'infini.

Les mots deviennent des pétales de roses,
Chaque promesse, un serment que l'on ose.
Les jours sont des poèmes, les nuits des rêves,
Ensemble, une histoire tissée comme une trêve.

Les épreuves sont des vagues à affronter,
L'amour, un phare qui guide, qui éclaire.
Main dans la main, traversant l'océan du temps,
Une passion intemporelle, un doux ferment.

Que cette poésie résonne en harmonie,
Comme une déclaration, une éternité infinie.

Jeff Anderson FLORVIL
Lascahobas, Haïti

Il y eût un matin

Il y eût un matin où l'on traverse à la rame
Les océans de tristesses et de douleurs
En y laissant les traces de nos sueurs
Pour s'éviter l'opprobre et les sarcasmes

Un matin agité pour s'aimer et semer
Dans la terre fertile, la nôtre et la leur
Semer avec les mains tremblant de bonheur
Dans un mélange de miel et d'aigreur

Semer avec ardeur les précieuses graines
Amasser sous les tristes pluies diluviennes
Dans les jours les plus sombres, avec peine
Semer avec énergie et attitude sereine

Il y eût un matin où l'on déploie ses ailes
Prendre de la hauteur et s'envoler dans les airs
Pour explorer toutes les offres et les possibilités
Et se jeter pour se saisir d'une seule opportunité.

Aujourd'hui, je nage dans l'abondance
Avec un carquois rempli des flèches
Avec autant des voies encore fraîches
Pour consolider et maintenir la cadence.

Il y eût un matin pour travailler
Et un autre luisant, pour récolter.

Mpaya Joël KALONJI
Mbujimayi, République Démocratique du Congo

Les larmes du peuple congolais

Ils ont pleuré sur leurs terres ravagées
Par les bombes, les balles et les machettes
Ils ont pleuré sur leurs corps violés
Par les soldats, les milices et les rebelles
Ils ont pleuré sur leurs enfants arrachés
Par la faim, la maladie et la mort
Ils ont pleuré sur leurs droits bafoués
Par les tyrans, les corrompus et les voleurs

Mais ils n'ont pas pleuré en vain
Car leurs larmes étaient des graines
Qui ont germé dans leurs cœurs
Qui ont fleuri dans leurs âmes
Qui ont porté des fruits de résistance
Qui ont donné des fleurs d'espérance

Ils ont séché leurs larmes avec leurs mains
Pour construire un avenir meilleur
Pour défendre leur dignité et leur honneur
Pour réclamer leur liberté et leur bonheur

Pour cultiver leur culture et leur valeur
Pour partager leur amour et leur chaleur

Ils ont souri à travers leurs larmes avec leurs yeux
Pour voir la beauté de leur pays
Pour admirer la richesse de leur sol
Pour apprécier la diversité de leur peuple
Pour célébrer la force de leur foi
Pour témoigner de la grandeur de leur histoire

Zie Dominhin Drissa OUATTARA
Diawala, Côte d'Ivoire

Pauvre marché, mon monde

Je pleure ce marché si vide et sans amour,
Un marché rempli de mal, d'inégalités,
Où sont moins hommes, pauvres et minorités,
Où sont rares, inexistants, les brins d'amour.

Marché d'individualisme et sans unité,
Marché de familles malades, désunies,
Marché d'hypocrites, d'infidèles amis,
Marché d'hommes sans une once de lénité.

Je pleure ce marché cruel et si turpide,
Ce marché de haine, de drames si rudes,
Où même la vie humaine perd sa valeur.

Et je rêve d'un marché unifié, sans frontières,
Où devient et reste un, l'humanité entière,
L'Amour du prochain étant l'unique valeur.

Ludoski Cassion CAKPO
Cotonou, Bénin

Douleur noire

le ciel est tombé à Ayiti comme un fruit mûr
depuis la douleur des peuples vautrés dans les fièvres
depuis l'angoisse qui prêchait la sismicité des pierres
depuis la disparition des aubes qui conservent le secret
des poètes

au commencement,
l'espoir avait la voix grave de Dessalines
dans ce pays où même les roses avaient la liberté de
danser
dans ce pays où l'indépendance fertilisait le chant des
révolutions
pays érigé en fierté séculaire à l'embouchure des
séditions
pays-mélodie dont la fraternité rythmait la passion des
cœurs

mais depuis la profusion des noctules à toutes les soifs
par l'hérésie des figures bourgeoises
par la soif de trahir l'épopée de Catherine Flon

par l'attitude stérile des masses
dans ce pays maintenant dormeur du val
pays funestement allongé sur l'épaisseur des laides
lamentations
les ignominies ont noirci cent soleils qui serpentaient et
fleurissaient le rêve haïtien
plus rien pour polir la connivence des lendemains
plus rien pour désaltérer la mémoire glorieuse
plus rien pour nourrir l'œil d'aurore
le silence au détroit des grandes ombres
ce silence carnivore a planté en nous sa léthargie la plus
vieille
et l'espoir est mort dans le dictionnaire
et aucune parole n'engage sa résurrection sur les lèvres
et l'on sait tous qu'au-delà du survoltage des silences,
toute promission politique est museau du crocodile
et comment bâtir un lendemain dans l'inventaire flasque
des sécheresses ?

dites-moi,
comment marcher vers demain dans un pays où le soleil
est mordu ?
qu'on ne panse pas la lèpre en pleurant sa misère
l'hymne des poltrons au gonflement des razzias
attitude stérile des masses
mourir pour la patrie,

ce n'est pas rire de son pays à la table des envahisseurs

mourir pour la patrie,

c'est d'abord déchirer le hunier des servitudes

et greffer sur la vergue mille rêves à fertiliser

Demain à l'aube,

nous verrons sur toute la ligne

les dignes fils qui ont su enjamber la commotion des

fièvres

pour ouvrir les paupières d'un nouveau jour

dans l'alchimie des leucomes solaires

Alvie MOUZITA
Brazzaville, République du Congo

Fort la mort

Rouage brisé au pied du sombre gris. Abattu, l'homme

dans ma chair est de taille à un pays de massacre.

Cruelle fumée, répandue tout au pied de l'horreur.

Que cherche-t-on à déflorer,

dans mon avalé de silence,

Stridence de ma prise de parole gâchée des mains.

Ce pays, dans la mort.

Bouquet de sang égorgé tout au bord de mon chemin.

Fleur d'insomnie dans mon âge de pierre.

Coupure de veine, débordant nuit sur mon éboulement

de rage.

Ce pays, dans la mort.

Terrain miné tout au long de ma peau.

Pleine découverte, dans les rangs de la boue sclérosée.

Terre d'agonie, mise au bout d'un vieux rêve déchiré.

Fort la mort

conjugaison de la meute réduisant l'homme.

Phrase déficitaire à pied d'œuvre,

secouant le nu en rafale dans ma chair.

Fort la mort

Je finirai bien par te nommer,

en inculte perfusion.

Convocation lunaire, par devant mon amère coup d'

crachat.

Moïse FRANÇOIS
Port-au-Prince, Haïti

Haïti mon amour

Haïti mon amour
Je te porte en moi
Tu m'as habité
Avant que je t'habite
Car ce sont tes plages
Qui coulent dans mes artères
Elles coulent dans mes veines
Couleurs de ton ciel
Tes montagnes et tes collines
Sont les courbes de mon corps
Tes fleuves et tes vallées
Sont les lignes de mes mains
Les vents qui te traversent
Vont à la hauteur de mon souffle
Je porte tes saisons pluvieuses
Comme tes saisons sèches
Je te chéris couleur tropicale
Troubadours, fêtes champêtres
Clairin fort, Konbit, Lakou
Tu vibres en moi Haïti Soleil

Haïti de Grannm Maten, de rosées
Aux saveurs de miel
Haïti la douce qui vient
Haïti liberté
Reine de mes papilles
Je porte en moi
Le rire de tes villes
Le merveilleux de tes nuits
Le pouvoir de tes carrefours
Mon Haïti de nègres
Tu renaîtras de tes cendres
Ce n'est pas qu'avec ma peau
Que je te dis que je t'aime
Je t'aime avec mon sang
Encre de mes poèmes

Tcherry Ibrahim Mervenson ANTOINE
Port-au-Prince, Haïti

Lettre d'un névrosé d'Haïti à sa petite copine

Chère copine de je ne sais quel nom
Où que tu sois et quoi que tu fasses
Tu es priée au nom de la condition humaine de me
rendre le plus considérable de tous les services
Lequel service que je refuse tout de suite de nommer
Quelle démence !
Chère copine de je ne sais quel nom
Écoute-moi !
Moi qui te parle avec l'âme innocente
Donne-toi à moi
Mets tes oreilles à la disposition de ma voix combien
usée
Ouvre ton cœur deux battants
Mes incertitudes et mes maux vont t'être familiers

Chère copine de je ne sais quel nom
Je ne peux m'empêcher de divaguer presqu'à chaque
soir très tard dans la nuit sur les lignes brisées de mes
schémas mentaux
Ce faisant - la confusion devient avec une facilité sans

précédent ma plus ponctuelle compagnie
De telle sorte que je n'y arrive toujours pas à savoir
comment exister dans un pays comme le mien
Où l'on banalise exagérément l'existence des êtres
humains
Chose étrange
J'y suis toujours
malgré moi
Ô que je suis chanceux !

Chère copine de je ne sais quel nom
Toi qui prennes le temps d'écouter mes écueils
Chez moi
Tout est chimère
Mon devenir me glisse incessamment sous les droits
Mes sacrifices semblent de temps à autre partir en fumée
Inquiet est mon esprit
Je ne sais quel dieu que je dois prier
Inquiet est mon esprit
Je ne sais quel dieu que je dois appeler
Pour lui dire qu'ici
L'interrogation est l'unique point de tous les jours

Et
Pour qu'il puisse en savoir aussi qu'en ce lieu d'où j'y
suis

personne ne vit - rien

Y compris la vie

Et rares sont ceux qui vivotent

Avec des rêves pacotilles

En désirant d'esquisser la forme d'un bonheur qui ne dit

pas son nom

Chère copine de je ne sais quel nom

Tu me demeures

Fritz Stanley BACKER
Cap-Haïtien, Haïti

J'aurais voulu trouver

Ton portrait sur les murs de Port-au-Prince,
Quand ma peine coulait le long de mes doigts.
J'ai marché des avenues entières dans mes larmes,
sans la senteur de ton corps.

J'aurais voulu accrocher mes erreurs
Derrière les rives de ton sourire et sortir dans le monde,
Mais mon cœur porte l'épitaphe de tes lèvres creuses.

Nécrologue de papier,
Sirotant une quête lumineuse d'amertume constante,
L'alizé a écrit un poème de vandale
Sur ma peau de bois, pour expier mes péchés nomades
Devant le solstice d'hiver.

Calems FLEURIT
Petit-Goâve, Haïti

Nuit d'attente

Ce soir,
Il ne pleut pas
Dans mon cœur
Des graines d'amour qui tapissent mon âme de joie

Ce soir,
Mon ciel est noir,
Noir comme ta peau d'ébène,
Noir comme le sable de Nyirangongo,
Que je n'arrive quasiment pas à capter
Les étincelles de ton visage-lumière

Ce soir,
Mon esprit vagabonde
Dans les méandres de la solitude,
Solitude des jours infinis
Solitude qui porte ton nom,
Ton nom de fleur

Et mon corps,

Mon corps qui valse
Sous les rythmes de tes pas de danse
Et les cris de kalachnikov qui résonnent en moi
Et me fait trembloter

Cette nuit,
J'espère que tu reviendras,
Comme ce jour-là d'automne,
Dans mes songes
Pour réveiller nos souvenirs
Enfouis dans la fosse de la guerre

Cette nuit,
J'espère que tu reviendras,
Avant que disparaissent les étoiles,
Poser tes lèvres sur les miennes
Dans l'espoir de me sortir
De mes éternels tourments

Avant mon réveil,
J'espère que j'entendrai ta voix,
Ta voix de muse
Dans le silence de l'aube

Musingilwa Justice KANGAMINA
Tshopo, République Démocratique du Congo

Je porte ma croix

Je porterai ma croix
d'un monde immonde
Où le bien s'inonde
d'un mauvais choix
Rêveur des espoirs éphémères et d'une solidarité des
sociétés marginalisées
Si je prends la route du chemin sans retour, enterrez-
moi dans vos plumes
En mémoire de moi, dites à vos leviers que la jeunesse
africaine vit sans rêve
Or au déclin des jours, dans nos oreilles ruissellent des
mensonges de coqueries
Vous porterez la croix
De toute pensée exilée
Des regards affamés,
Vides de votre affection
Marchands d'un amour
À multiples dimensions
Je porte ma modeste croix
de belle offrande à la mort

Exilée à portée de plume
Dans un monde d'inégalité
Ou nos yeux ne brillent que
De toutes les larmes retenues
Dans la foi, je porte ma croix
Avancer est mon ultime choix
Chacun de mes mornes jours
Est un pas vers mon Golgotha

Kouamé Christian KOUAM
Yamoussoukro, Côte-d'Ivoire

BLESSURES

Encre salée,
Doigts tremblants,
Support imbibé.

Inspiration hachée.

J'écris des larmes ponctuées de sanglots à encre
indélébile,
Des blessures empreintes de mots mouillés sur feuilles
froissées.
Je griffonne pensées tacites sur silence loquace
Et hurlement vitreux sur fond opaque.

Midi,
Minuit.
Qu'est-ce que ça change ?
Verres brisés ne comptent point les heures.

Rose Naïka CHALMAGNE
Delmas, Haïti

Elle

J'ai vu comme le poète, une étoile.
Une môme allongée sur des draps sales
Étendus à même le trottoir
Menant à la rue, notre fidèle miroir
À l'odeur et la face putride.

J'ai vu de loin une étincelle,
Une lueur encore rebelle
Dans ses yeux nuancés de marron
Rivés sur sa mère frottant des haillons
Par devant la majestueuse cathédrale.

J'ai vu notre bassesse face aux démunis,
Dans l'abîme, un semblant de survie.
Dans le froid au milieu de la nuit
Ou sous la canicule de cet astre qui luit
À fondre les pavés de Port-au-Prince.

Cynnedie-Anne AUDATE
Cap-Haïtien, Haïti

Saurais-tu déshabiller mon âme ?

Mon âme brûle de mille feux
Voulant consumer tout ton être.
Je te dévore des yeux,
Ne voulant pas laisser une miette.
Je porte ma passion tous les jours
Comme une muse.
Avec tes maux je ferai mes mots,
Avec ces mots bestiaux
Je te conduirai à la ponctuation des caresses.
Saurais-tu déshabiller mon âme assoiffée de plaisir ?

Jennifer EUGÈNE
Port-au-Prince, Haïti

Fantasia

Je l'aperçois en tunique blanche
Matin et soir et même le dimanche.
Sa peau dorée éclaire les passants,
Inspire la logorrhée des rêveurs nonchalants.

Des yeux cafés à en perdre la tête.
Véritable beauté dans le regard de l'esthète.
Cheveux noisettes et ses quelques reflets.
Un charme honnête inspirant les pamphlets.

Une cigarette entre ses lèvres,
Sort une fumée qui trahit ses lèvres.
Seule sur la grève, au milieu des ténèbres,
Elle fixe la mer de son œil qui pénètre.

Visage digne des princesses d'orient.
Regard radieux qui méprise l'indécent.
Elle fait monter le diable,
De son sourire incessant.

Emilien ELISABETH

Oyonnax, France

L'ENFER

De ces moroses cieux intimes
Au dehors de la terre et d'eau,
Entre coupables et victimes,
Il gronde un tout hideux tombeau
Qui naît au soir du purgatoire:
C'est la fin, c'est l'âge de fer
Où peut-on à peine boire.
C'est l'enfer des dieux; c'est l'enfer.

Vers cet instant léger qui oscille
Une rue en boue et danger,
Un vilain et nu spectre brille
Pour de l'univers se venger;
Et du vil tourbillon de crimes
Pilotant le vaillant embrun,
Sans humer l'odorant parfum
De ces moroses cieux intimes.

C'est un Val gaîment fantomal,
Ô soleil malveillant et rustre,

Tel l'oiseau de mer et du mal

Dont la fuyarde île s'illustre !

Sibyllin lit... ou doux ruisseau

Qui s'endort tel un clochard ivre,

Sauras-tu nous bénir du vivre

Au dehors de la terre et d'eau?

Les vents qui pleurent en silence

Et l'obscur macabre s'émeut :

Ô cieux! De par leur turbulence,

Des eaux, le dédain se promeut.

C'est l'enfer au cœur des abîmes,

Où l'on voit faner toute fleur

Et le jour qui perd son ampleur

Entre coupables et victimes.

Regardez là, chers gens d'ici,

Qui dans le chagrin se déguise :

C'est la nuit et le ciel noirci

Aux horizons en eau surprise.

A-t-on du bien ? A-t-on du beau ?

Des villes qui se décolorent

Et des forêts qui s'évaporent,

Il gronde un tout hideux tombeau.

Le pernicieux vent qui souffle,

Puis la frayeur abat l'amour
Dans les cœurs où l'on se camoufle
Nuit après nuit, jour après jour.
Pleurez bien, ô ruelle noire,
Pour l'homme et pour l'humanité
Et de par son abscondité
Qui naît au soir du purgatoire.

Oh! Quelle horrible affreuseté
Dont le rêve n'est que «survie» !
Remords sans éphémérité,
Les yeux criant de pleurs d'envie,
Le plus croyant et le kéfer
Voient rougir partout les ruelles
Et tard s'enflammer des cervelles:
C'est la fin, c'est l'âge de fer !

La mort convoite les idées,
Et la paix s'enfuit s'exiler
Dans des caveaux, puis en bardées,
D'où l'univers se veut filer;
Juste ciel ! De ce chantoir
Où respirer demeure amer,
Où les eaux n'ont que goût de mer,
Où ne peut-on que peine boire,

C'est la fin, ces hideux moments
Sans amour ni firmament d'Ève.
C'est la mort, ces hideux instants
Sans paix fraternelle ni rêve.
C'est la souffrance, ce léger
Val aux durillonnes sentences
Puis aux plaisirs d'âpres romances
C'est l'enfer des dieux, c'est l'enfer !

C'est l'enfer des dieux; c'est l'enfer,
Où peut-on à peine boire.
C'est la fin, c'est l'âge de fer
Qui naît au soir du purgatoire:
Il gronde un tout hideux tombeau
Entre coupables et victimes,
Au dehors de la terre et d'eau,
De ces moroses cieux intimes.

Ayayi Gilbert ADELAN
Aného, Togo

Là!

Aux rives de ses années, la vénusté loge,
Une splendeur que les entrailles de l'Histoire,
Semblent à peine pouvoir receler son éloge,
Si le globe est l'écrit, elle lui est répertoire.

Vieille mais pas accroupie, son ardeur chatoie,
Tendron mais sage ainsi qu'une enfant chevronnée,
Elle a connu la paix, et les guerres parfois,
D'une aménité noirâtre elle est couronnée.

Kizomba, Shaku Shaku ou bien Azonto,
Là tout est suave en cadence de l'espoir,
De l'Algérie au Tchad, de l'Egypte au Congo,
Là, tout est beau, au sein de notre grand perchoir.

Là, l'admirable Afrique de toutes les ères,
Fière et dure malgré les nuages et les faix,
Rêvasse d'une grande Afrique sans frontières,
Ne dites point : « un rêve » ... en effet c'est tout près !

La mer Rouge tendant la main à l'Atlantique,
Convoite une terre unie par l'amour soudée,
Un amour pur et solide au cœur de l'Afrique,
Où le Nil, Jubba, Tana se lient par bonté.

Voilà ! Seychelles appelle l'Algérie chèrement,
Des milliers de langues et des jargons incomptables,
Aimablement, se mêlent tous ensemble en chantant :
« En chœur, nos coudées demeurent franches, inexpugnables »

Kalahari demande l'eau à Victoria,
Kilimandjaro dit bonjour aux Pyramides,
Là, l'amour est comme les eaux de Karfiguéla,
Et là, le zéphyr de l'harmonie est splendide.

Là, florissant est le sol de la belle Afrique,
Merveilleux sont les liens qui bouclent les Africains,
Là, sans frontières ni murettes, un esprit unique,
Criaille tout haut : *« Là, c'est un ouvrage humain ! »*.

Ma très chère Afrique que j'ai tant adorée,
Te voyant sans frontières, ma joie est torride
Comme je me réjouis en te voyant prospérer !
Parce que c'est là où mon cœur et ma joie résident !

Pierre Bahgat
Alexandrie, Egypte

Pays et contributeurs

Haïti : Moïse Daryl Lorenzo, Witerwan Kenley Jean, Exantus Rolph Arthur, Wednerson Fénélon, Fils Santia, Previl Wislin, Jormeus Alexandre, Bernadotte Peterson, Joseph John, Salomon Peterly, Malaba Pitit Plim, Florvil jeff Anderson, Moïse François, Antoine Tcherry Ibrahim Mervenson, Backer Fritz Stanley, Calems Fleurit, Jennifer Eugène, Audate Cynnedie-Anne, Charlemagne Rose Naïka

Bénin : Houessou Sindji Maxime, Ahissou Zinsou Damien, Cakpo Ludoski Cassion

France : Des Brest Emilien, Iren Mihaylova, Elisabeth Emilien

Côte d'Ivoire : Ouattara Zie Dominhn Drissa, Kouam Kouamé Christian

République Democratique du Congo : Kalonji Mpaya Joël, Kangamina Musingilwa Justice

Congo : Alvie Mouzita

Cameroun : Nguegni Pouenpene Lucienne Noella

Burkina-Faso : Tonde Kiswendsida Azaël

Togo : Adelan Avayi Gilbert

Egypte: Pierre Bahgat

Achevé d'imprimer en Septembre 2024
Dépôt légal : Septembre 2024

Pour

Éditions Milot
17, rue du Pressoir
95400 Villiers-Le-Bel

www.ingramcontent.com/pod-product-compliance
Lightning Source LLC
LaVergne TN
LVHW050910200726
843508LV00011B/2171